BEI GRIN MACHT SICH IHR WISSEN BEZAHLT

AF167885

- Wir veröffentlichen Ihre Hausarbeit,
  Bachelor- und Masterarbeit

- Ihr eigenes eBook und Buch -
  weltweit in allen wichtigen Shops

- Verdienen Sie an jedem Verkauf

Jetzt bei www.GRIN.com hochladen und kostenlos publizieren

Künstliche Intelligenz im E-Commerce

Nesrin Bozan

GRIN ☺

Bibliografische Information der Deutschen Nationalbibliothek:

Die Deutsche Nationalbibliothek verzeichnet diese Publikation in der Deutschen Nationalbibliografie; detaillierte bibliografische Daten sind im Internet über http://dnb.d-nb.de abrufbar.

ISBN: 9783346647290
Dieses Buch ist auch als E-Book erhältlich.

© GRIN Publishing GmbH
Nymphenburger Straße 86
80636 München

Druck und Bindung: Books on Demand GmbH, Norderstedt Germany
Gedruckt auf säurefreiem Papier aus verantwortungsvollen Quellen

Das vorliegende Werk wurde sorgfältig erarbeitet. Dennoch übernehmen Autoren und Verlag für die Richtigkeit von Angaben, Hinweisen, Links und Ratschlägen sowie eventuelle Druckfehler keine Haftung.

Das Buch bei GRIN: https://www.grin.com/document/1217913

Hochschule für angewandtes Management

Fakultät Betriebswirtschaftslehre

Sommersemester 2021

Studienarbeit

Künstliche Intelligenz im E-Commerce

vorgelegt von

Nesrin (Beyza) Bozan

2. Semester

Inhaltsverzeichnis

Abbildungsverzeichnis _____ III

Tabellenverzeichnis _____ IV

1 Einleitung _____ 1

    1.1 Relevanz _____ 1

    1.2 Zielsetzung _____ 2

    1.3 Aufbau der Arbeit _____ 2

2 Begriffsabgrenzungen _____ 2

    2.1 Definition Künstliche Intelligenz _____ 2

    2.2 Schwache vs. starke KI _____ 3

    2.3 kurzer Überblick _____ 3

    2.4 Entwicklung Künstliche Intelligenz _____ 4

    2.5 Ziel der Künstlichen Intelligenz _____ 5

3 Technologien der Künstlichen Intelligenz _____ 6

    3.1 Big Data _____ 6

    3.2 Neuronale Netze _____ 7

    3.3 Machine learning _____ 8

    3.4 Deep Learning _____ 9

    3.5 Natural Language Processing _____ 9

4 Entwicklungschancen für KI _____ 10

    4.1 Anwendungsfälle von KI _____ 10

    4.2 Chancen und Risiken der KI _____ 12

    4.3 Handlungsempfehlungen _____ 16

5 Schluss _____ 17

    5.1 Zusammenfassung _____ 17

    5.2 Kritische Reflexion _____ 18

Literaturverzeichnis _____ 19

Abbildungsverzeichnis

Abbildung 1: Wichtige Bestandteile der KI 7

Abbildung 2: Aufbau eines neuronalen Netzes. (Gentsch).......................8

Abbildung 3: Änderungen der Beschäftigungsverhältnisse 15

Tabellenverzeichnis

Tabelle 1: Kurze Definition der KI (eigene Darstellung)...........................4

1 Einleitung

1.1 Relevanz

Künstliche Intelligenz (KI) ist ein aktuelles Thema welches seit Jahrzehnten entwickelt wird und das Nischendasein spezieller Technologien längst hinter sich gelassen hat. Künstliche Intelligenz wird nicht nur in der Wissenschaft diskutiert, sondern liegt auch im Interessengebiet der Wirtschaft und Politik.[1]

Auch im Bereich des Marketings ist die Digitalisierung und Internationalisierung entscheidende Faktoren. Big Data und Künstliche Intelligenz ermöglichen Konsummuster zu erkennen und den Erfolg von Marketingmaßnahmen in Echtzeit zu messen. Aus diesem Grund ist es wichtig für Unternehmen Künstliche Intelligenz einzusetzen, um Aufgaben bewältigen zu können, wozu der Mensch nicht in der Lage ist. [2]

Verbraucher möchten den gesamten Einkaufsprozess jederzeit über jeden "Kanal" (ob fest, auf einem Computer oder auf einem mobilen Gerät) abwickeln können, einschließlich Informationen, Vorschläge, Auswahlmöglichkeiten, Käufe, Preise, Rabatte, Zahlungsmethoden, Lieferung und Gerätetausch. Im modernen Handel, ob stationär oder online, stellt der Anspruch, als Kunde personalisiert zu sein, eine neue Ebene dar. „Tante Emma Digital" bedeutet einen auf Verbraucher zugeschnittenen Kaufprozess. Individualisierung bedeutet, dass Produkte und Prozesse personalisiert werden. Die nächsten Schritte sind bereits in Sicht, denn durch den Einsatz virtueller Datenbrillen oder durch die Nutzung der eigenen Währung beim Homeshopping entsteht eine neue Welt die immer mehr für Kundenbindung sorgt. All diese Anforderungen des Marktes verlangen von Handelsunternehmen, komplexe Konzepte einzuführen, die beherrschbar und preiswert sein müssen. Der Händler muss in der Lage sein, seine Daten zu analysieren und sinnvoll zu nutzen, um das Konsumverhalten vorhersehen zu können. Bei der Datenerhebung und -auswertung müssen neben den technischen Möglichkeiten auch Daten- und Verbraucherschutzrichtlinien eingehalten werden. Dies kann nur durch Automatisierung erreicht werden. Im Bezug der datenbasierten Automatisierung ist KI die nächste Stufe. Das Ziel ist, den menschlichen Denkprozess nachzuahmen und aus Erfahrungen zu lernen. Aus diesem Grund können Händler dank künstlicher Intelligenz mehr Umsatz und Effizienz erreichen.[3]

---

[1] Vgl. Bünte, 2018, S.1
[2] Vgl. Gutting, 2020, S.19
[3] Vgl. Gläß, 2018, S.1-2

1.2 Zielsetzung

Ziel dieser Arbeit ist es, Künstliche Intelligenz im Bereich E-Commerce zu analysieren. Zunächst werden Theoretische Grundlagen eingeführt und definiert. Als nächstes werden konkrete Anwendungen untersucht, um den Einsatz der KI präziser darzustellen. Zudem werden Chancen und Risiken benannt, um Herausforderungen darzustellen und abzuleiten in denen Potentiale vorhanden sind. Die Arbeit wird abgeschlossen, indem Handlungsempfehlungen gegeben werden, die für eine zukünftige und erfolgreiche Optimierung sorgen.

1.3 Aufbau der Arbeit

Zu Beginn werden begriffliche Grundlagen genommen, die voneinander abgegrenzt werden. Künstliche Intelligenz verändert sich ständig und entwickelt sich immer weiter. Um die Fragestellung beantworten zu können, was es mit KI auf sich hat, werden Definitionen und Entwicklungen thematisiert sowie Zielsetzungen formuliert, die einen positiven Einfluss auf Kunden sowie Händler haben soll. Im folgenden dritten Kapitel werden wesentliche Bestandteile der Künstlichen Intelligenz aufgeklärt, um die Funktionen der KI zu verstehen, damit diese richtig eingesetzt werden kann. Dazu werden verschiedene Anwendungsfälle von bekannten Online-Händlern zu dem Zweck benannt, die verschiedensten Möglichkeiten der KI besser zu veranschaulichen. Im Kapitel 4.3 werden im Bereich des Online Handels, Potentiale der Künstlichen Intelligenz als auch Risiken zur Diskussion gebracht. Da Künstliche Intelligenz noch am Anfang steht, sich weiterentwickelt und permanent wandelt, werden schlussendlich Handlungsempfehlungen aufgezählt, die ein Online-Händler umsetzen sollte, um langfristige Erfolge zu erzielen. Mit einer Zusammenfassung und einer kritischen Reflexion wird die Arbeit abgeschlossen.

2 Begriffsabgrenzungen

2.1 Definition Künstliche Intelligenz

Künstliche Intelligenz (KI) bzw. AI („Artificial Intelligence") charakterisiert die Fähigkeit von Maschinen, kognitiven Aufgaben im Zusammenhang mit dem menschlichen Denken zu erfüllen. Dazu gehört die Fähigkeit, Chancen wahrzunehmen und zu argumentieren, sowie die Fähigkeit, selbstständig zu lernen, eigenständig Lösungen für Probleme zu finden. Die erste Aufgabe der Künstlichen Intelligenz ist für den Menschen schwierig, für Systeme der künstlichen Intelligenz jedoch einfach. Um diese Probleme zu lösen, können formale mathematische Regeln verwendet werden. Eine der einfachsten Aufgaben für Systeme der künstlichen Intelligenz, große Datenmengen zu verarbeiten, basiert auf diesen Regeln.[4]

Darüber hinaus deckt Künstliche Intelligenz ein breites Spektrum an Anwendungsgebieten ab und es existieren bereits funktionale Lösungen. Am Anfang sieht man zum Beispiel nicht, was Roboter und das Gesichtserkennungssystem gemeinsam haben sollen. Tatsächlich können diese Systeme verstehen, was das öffentliche Interesse antreibt.[5]

2.2 Schwache vs. starke KI

In der Künstlichen Intelligenz ist zwischen Starke und schwache Künstliche Intelligenz zu unterscheiden. Bei der schwache KI handelt es sich um "lernende Systeme", die bloß sehr eingeschränkte Probleme lösen können. Sie beruhen auf die Erkennung zuvor in das System eingebrachter Muster. Aus diesem Grund sind diese Systeme häufig nicht intelligent. Die starke künstliche Intelligenz ist dagegen ein Computersystem mit einem dem Menschen vergleichbaren Intelligenzniveau, dass es Maschinen und Menschen ermöglicht, auf gleiche Höhe zu kommunizieren und zusammenzuarbeiten, um den Menschen bei der Lösung von Problemen zu helfen. Jedoch müssten sie den einen sogenannten Turing-Test bestehen, um diese als intelligent beschreiben zu können. Dies ist jedoch nicht vollständig gelungen.[6] Schwache künstliche Intelligenz ist heute Alltag. Es konzentriert sich auf bestimmte Lernaufgaben wie Objekterkennung, Gesichtserkennung oder Spracherkennung und kommt daher unter anderem im Spracherkennungsprogramm jedes Smartphones oder Smart Speakers zum Einsatz. Während die starke KI das erlernte Wissen selbstständig auf andere Bereiche übertragen und dort verwenden kann. Nicht auf bekannten Tatsachen sind Informationen darüber, wann diese Fähigkeit des Computersystems verfügbar sein wird.[7]

2.3 kurzer Überblick

Schwache KI	Lösen nur eingeschränkte Probleme

---

[4] Vgl. Kreutzer/Sirrenberg, 2019, S.4
[5] Vgl. Bernhard/Mühling, 2020, S.10
[6] Vgl. Mohr, 2020, S.73
[7] Vgl. Pfannstiel/Steinhoff, 2020, S.145

Starke KI	**Sollen mit der Intelligenz des Menschen verglichen werden, um Lösungen zu suchen**
Big Data	**Für große Datenmengen geeignet, um sie zu beschreiben**
Neuronale Netze	**Soll versuchen Verarbeitungsprinzipien in einem Computer nachzubilden**
Machine Learning	**Beschreibt die Fähigkeit einer Maschine oder Software, bestimmte Aufgaben basierend auf datenbasiertem Training zu erlernen**
Deep Learning	**Wird zum permanenten Lernen und zum Anpassen und Verändern des Gelernten in weiteren Handlungen verwendet**
Natural Language Processing	**Programm, dass es einer Maschine ermöglicht, menschliche Sprache, gesprochene Sprache und geschriebene Sprache zu verstehen.**

TABELLE 1: KURZE DEFINITION DER KI

2.4 Entwicklung Künstliche Intelligenz

Das Konzept der künstlichen Intelligenz wurde schon in den 1950er Jahren entwickelt. Nachdem Künstliche Intelligenz positive Fortschritte gemacht hat, kam es zu einer Stagnation in den 1980er Jahren, der sogenannten „KI-Winter", denn es brachte bislang für Unternehmen keinen materiellen Erfolg. Nachdem es reichliche und günstige Rechenleistungen sowie genügend Mengen an Kundendaten verfügbar waren, konnte sich die Künstliche Intelligenz weiterentwickeln.[8] In den letzten Jahren wurde es weltweit gefördert, da im Laufe der Zeit größere und billigere Speicher- und Rechenleistung zu Verfügung standen. Maschinen werden immer schneller und die „Cloud" bedeutet nahezu unbegrenzter Speicherplatz. Eine wesentliche Voraussetzung damit Künstliche Intelligenz

---

[8] Vgl. Wilbertz, 2018, zitiert nach Bünte, 2018, S.1

sich weiterentwickelt, ist der Zugang auf viele Mengen an Daten. Gerade in großen internationalen Organisationen fallen heute überall große Datenmengen mit wertvollen Informationen an. Um die, in den massiven Daten verborgenen nützlichen Informationen zu erhalten, müssen die Daten untersucht werden. Dies ist bei althergebrachter Programmierung, in der Regel nicht möglich. Jedes System der KI muss möglichst viele „Trainingsdaten" erlernen können. Wiederum benötigt man künstliche Intelligenz, um große Mengen an Daten zu verarbeiten und daraus wichtige Informationen zu ergattern. Wenn es nicht zugänglich ist, sind die Daten wertlos. Die menschlichen Fähigkeiten sind begrenzt, Maschinen können hier effizienter arbeiten.[9]

Des Weiteren spielten die Rahmenbedingungen bei der Entwicklung der Künstlichen Intelligenz eine große Rolle. Der Grund dafür ist, dass viele Technologien nur akzeptiert werden, wenn die Rahmenbedingungen stimmen. Doch heute sind die Möglichkeiten aufgrund veränderter Rahmenbedingungen vielfältiger. Nahezu kostenlos war der Internetzugang schon früher und hebt somit eine wichtige Barriere ab. Ähnliches gilt heute für Künstliche Intelligenz, da sich seit kurzem die Gesetzte für den Einsatz der neuronalen Netze und des Maschinellen Lernens deutlich verbessert haben. Einige Hindernisse wurden beseitigt und neue Bedingungen geschaffen.[10]

Ein Beweis für den Erfolg der KI ist Facebook. Facebook hatte sich den Einsatz als Ziel festgelegt und nun ist diese Plattform in der Lage, mithilfe von künstlicher Intelligenz, mit nur wenigen Likes, die Persönlichkeit von Menschen mittlerweile besser einzuschätzen als Kollegen, Freunde, Verwandte oder Ehepartner.[11]

2.5 Ziel der Künstlichen Intelligenz

Im Bereich des Marketings ist das Ziel der Künstlichen Intelligenz, Daten zu sammeln, die in Verbindung mit den Werbemitteln abmessen und probieren, datengetriebene Aktivitäten erfolgreicher zu machen. Mit der zunehmenden Internetnutzung und der jüngsten Nutzung von Mobilgeräten und Smart-Watches erhöht sich die Menge an Daten, die zur Gestaltung von Projekten sowie Kommunikationszielen genutzt werden kann, dramatisch an. Auch in vielen Daten, ob strukturiert oder unstrukturiert, verstecken sich von Millionen von Kunden, wichtige Informationen über die Vorlieben, Geschichte und Auslöser, die Menschen nicht verstehen und in Handlungen umsetzen, die handlungsorientiert sind.[12]

---

[9] Vgl. Gutting, 2020, S.16
[10] Vgl. Buxmann/Schmidt, 2019, S.7
[11] Vgl. Esch, 2020, S.15
[12] Vgl. Wennker, 2020, S.39

„Der Kunde ist König". Im E-Commerce hat sich dieses Ziel im Vergleich zum stationären Handel kaum geändert. Ein wichtiger Faktor im E-Commerce ist dabei die Personalisierung, die es ermöglichen soll, den Shop für die Kunden so komfortabel wie möglich zu gestalten sowie einen minimalen Aufwand des Kunden zu maximieren. Je weniger lästige Bedienungen ein Nutzer im Online-Shop haben, um ans Ziel zu kommen, desto besser nimmt der Nutzer den Webshop wahr.[13]

Seit neuestem ist eine neue Generation von kreativen Chatbots mit künstlicher Intelligenz zu beobachten, die zukünftige Entwicklungsrichtung des Handels aufzeigt. Je besser diese Chatbots verstehen, was Kunden ihnen sagen, desto wahrscheinlicher ist es, dass sie im Kaufprozess verwendet wird. Es stellt sich die Frage wieso die Kunden nach einem Mitarbeiter suchen müssten, wenn Roboter in Smartphones schneller den Weg zu Regalen oder Produkten erklären können. Auch ist fraglich, weshalb die Nutzer im Online-Shop noch nach Funktionen suchen und sich durchklicken sollen, wenn sie das auch dem Roboter in wenigen Worten erklären können.[14]

Darüber hinaus wird beim sogenannten „Curated Shopping" zunehmend künstliche Intelligenz eingesetzt, die in den Bereichen strukturierte Daten, automatische Übersetzung sowie Risiko- und Fraudmanagement weit verbreitet ist. An dieser Stelle bringen sich die Online-Händler in Schwung. Bei vielen Online-Anbietern stehen mittlerweile Daten und technische Möglichkeiten zur Verfügung, die das Einkaufserlebnis, Online sowie offline, mehr personalisieren soll. Pure Plays verwenden Algorithmen (maschinelles Lernen), um Objekte zu identifizieren, ähnliche Produkte zu finden oder Bewertungen zu kategorisieren.[15]

3 Technologien der Künstlichen Intelligenz

3.1 Big Data

„Big Data" wird häufig verwendet, um große Datenmengen zu beschreiben, die zu riesig sind, um es auf einem einzigen Computer zu sichern oder ausgewertet zu werden. In größeren Rechenzentren (z. B. Rechenzentren von Hochschulen oder Firmen) können diese Daten aufgebaut und analysiert werden. Bei vielen Daten ist es möglich Beziehungeun identifizieren, die verloren gehen würde, wenn die Datenmenge klein ist.[16] Durch die Verwendung von Algorithmen die rasant sind, sollen sie in gebrauchbare Daten umgewandelt werden. Das bedeutet das Entdecken aktuelle Zusammenhänge sowie die

---

[13] Vgl. Bernhard/Mühling, 2020, S.49
[14] Vgl. Kolbrück Chatbots,2017, zitiert nach Heinemann, 2019, S.27
[15] Vgl. Heinemann, 2018, S.36
[16] Vgl. Kersting/Lampert/Rothkopf, 2019, S.142

Ableitung von Prognosen. Vorhersagen basieren jedoch nicht unbedingt auf Notwendigkeit da repräsentativen Stichproben mit traditionellen statistischen Methoden hochgerechnet werden alle Daten im Datensatz werten die Algorithmen der Big-Data aus, egal wie groß, vielfältig oder unstrukturiert sie sind.[17]

Big Data wird normalerweise als vier Vs beschrieben und bezieht sich auf die folgenden Eigenschaften aus Big Data. **Volumen** stellt die zu speichernde und auszuwertende Datenmenge dar. Die Frage, wann genau eine Datenmenge wirklich als Big Data deklariert wird, ist von den verfügbaren Systemen abhängig. Firmen stehen nach wie vor dem Hindernis, die Menge der Daten, die anfallen, leistungsfähig und erfolgreich zu sichern sowie zu untersuchen. Somit konnten in letzter Zeit verschiedene Technologien eingerichtet werden. Beim **Velocity** handelt es sich einerseits um Daten, die mit sehr hoher Geschwindigkeit generiert werden, andererseits muss das System diese Daten in Echtzeit sichern, verarbeiten und untersuchen können. **Variety** charakterisiert, dass bei vielen Arten der Daten in der Big data, das System nicht nur strukturierte Daten aus Tabellen verarbeiten muss, sondern auch semistrukturierte und unstrukturierte Daten aus Fließtext, Bildern oder Videos verarbeiten, die 85 Prozent der Menge der Daten ausmachen soll. Zum Beispiel im Social Media kann mithilfe der KI die Semantik von großen Mengen an unstrukturierten Daten festgehalten werden. **Veracity** bezieht sich auf die Glaubwürdigkeit, Authentizität und Bedeutung der Big Data. Der Punkt ist, dass nicht alle gesicherten Daten zuverlässig sind und ausgewertet werden sollten. Beispiele dafür sind Phishing-E-Mails oder Fake News.[18]

3.2 Neuronale Netze

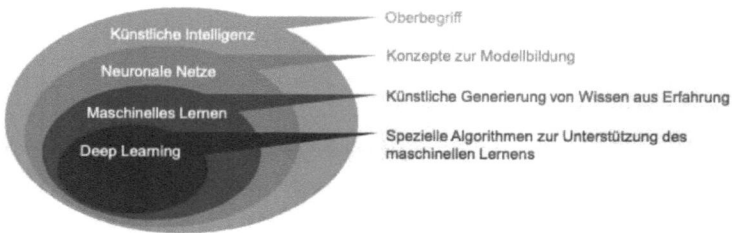

---

[17] Vgl. Mainzer, 2019, S.161
[18] Vgl. Gentsch, 2018, S.9
[19] Abbildung: Kreutzer/Sirrenberg, 2019, S.4

Ein wichtiger Bestandteil der KI sind neuronale Netze. In biologischen neuronalen Netzen, wie dem menschlichen Gehirn, sind Nervenzellen (Neuronen) miteinander verbunden. Beim Denkprozess wird eine Vielzahl von Signalen anderer Neuronen zunächst auf eine "Seite" des Neurons empfangen und dann in diesem angesammelt. Überschreitet die Summe der Ergebnisse eine bestimmte Schwelle, leitet das Neuron das Signal an alle angeschlossenen Neuronen weiter. Entsprechend erfolgt in einem anderen Fall – die Summe erreicht nicht die Schwelle – keine Signalweiterleitung. In künstlichen neuronalen Netzen wird versucht, dieses Verarbeitungsprinzip in einem Computer nachzubilden.[20]

Jedes künstliche neuronale Netz ist mit einer Eingabeschicht (grün), einer Ausgabeschicht (gelb) und verschiedenen vielen versteckten Schichten (blau) (vgl. Abb. 1) zusammengesetzt. Die Anzahl der versteckten Schichten hängt von der jeweiligen Aufgabenstellung ab. Jeder Knoten im System (Neuron) verarbeitet oder addiert gewichtete Eingabewerte aus der Umgebung oder vorherigen Neuronen und überträgt die Ergebnisse an die nächste Schicht. Künstliche neuronale Netze "lernen", indem sie die Gewichte der Verbindungen zwischen Neuronen anpassen, neue Neuronen bilden, löschen oder Funktionen innerhalb von Neuronen modifizieren.[21]

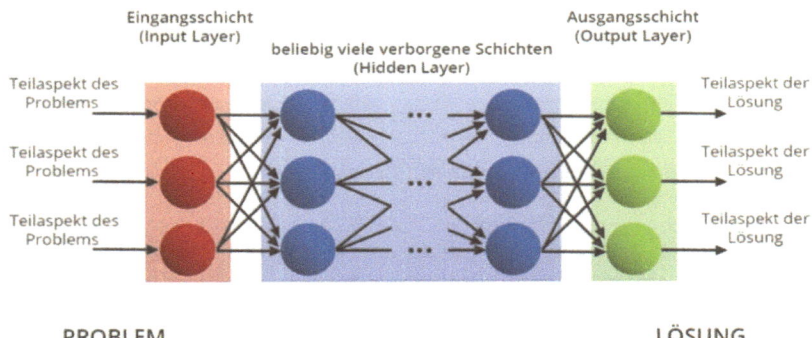

ABBILDUNG 2: AUFBAU EINES NEURONALEN NETZES. (GENTSCH)[22]

3.3 Machine learning

Maschinelles Lernen (Machine learning) beschreibt die Fähigkeit einer Maschine oder Software, bestimmte Aufgaben basierend auf einem datenbasierten Training zu erlernen.

---

[20] Vgl. Kersting/Lampert/Rothkopf, 2019, S.151
[21] Vgl. Gentsch, 2018, S.36
[22] Abbildung: Gentsch, 2018, S.36

Das macht es für Softwareentwickler leichter, denn sie müssen ihr Wissen nicht mehr codieren und interpretieren.[23]

Beim Maschinelles Lernen unterscheidet man zwischen drei Varianten, einmal **Überwachtes Lernen** (Supervised Learning) die darauf bezieht sich beispielsweise auf ein Szenario, in dem Regeln basierend auf einem gegebenen Beispiel (dargestellt als Input und zugehöriger Output) gelernt werden. Andererseits sucht **Unüberwachtes Lernen** (Unsupervised Learning) nach Mustern – man spricht in diesem Zusammenhang auch von explorativer Datenanalyse. Ein Beispiel für die Anwendung des Unüberwachten Lernens ist das sogenannte Lernen von Assoziationsregeln, mit dem das Auswahlverhalten des Kunden beschrieben werden kann (z.B. „Der Kunde, der A gekauft hat, hat auch B gekauft").[24] Das Prinzip des **Bestärkendes Lernen** (Reinforcement Learning) besteht darin, bestimmte Dinge mit Mitkopplung wiederzuholen und die mit negativem zu umgehen. Dieses Verfahren kommt im Bezug des maschinellen Lernens zum Einsatz, wenn keine qualitativ hochwertige Daten vorliegen, im Grunde genommen Daten, die gewünschte Resultate bestimmt haben.[25]

3.4 Deep Learning

Ein Teilgebiet des maschinellen Lernens ist Deep Learning, welches auf künstliche neuronale Netze angewiesen ist, um permanent zu lernen und gelerntes in weitere Handlungen mit der Welt anzupassen und umzuändern.[26] Deep Learning löst auch die Kernprobleme beim Representation Learning, indem Repräsentationen in anderen einfacheren Repräsentationsformen verwendet werden. Es ermöglicht Computern, komplexe Konzepte aus einfacheren Konzepten zu konstruieren.[27]

3.5 Natural Language Processing

Die von den Menschen gesprochene Sprache ist die Natürliche Sprache. Darunter sind Programmiersprachen wie Java zu unterscheiden. Natural-Language-Processing (NLP) oder auch Sprachverarbeitung ist ein Computerprogramm, das einer Maschine ermöglicht, menschliche Sprache, gesprochen und geschrieben, zu verstehen. Dabei geht es um eine spezielle Art von automatischen Mustererkennung, die sogenannte sprachliche Intelligenz.[28] In einigen Experimenten mit den Übersetzungshilfen von Google und Bing wurde der Leistungsunterschied deutlich. Obwohl die Übersetzungshilfe von Google viel erfolgreiche Arbeit an der semantischen ML-Methode geleistet hat, kann Bing in meisten Fällen immer

---

[23] Vgl. Buxmann/Schmidt, 2019, S.8
[24] Vgl. Stember/Eixelsberger/Spichiger/Neuroni/Habbel/Wundara, 2019, S.493
[25] Vgl. Frochte, 2021, S.481
[26] Vgl. Wennker, 2020, S.9
[27] Vgl. Goodfellow/Bengio/Courville, 2018, S.50
[28] Vgl. Kreutzer/Sirrenberg, 2019, S.28

noch Wort für Wort übersetzen. Vor allem beliebt ist in diesem Bereich, wenn es um Spracherkennung handelt, bei dem es um die automatische Transkription menschlicher Sprache geht und derzeit einer der größten Treiber der Künstlichen Intelligenz im Bereich des Endkundengeschäft ist. Derzeit werden Geräte verkauft, die speziell durch Spracheingabe gesteuert werden, wie zum Beispiel Amazon Echo. Im Gebiet der sogenannten „Natural Language Generation" (NLG), liegt eine weitere Anwendung, wie z. B. Text in stark formalisierten Bereichen wie Finanznachrichten automatisch verfassen.[29] Kurz gesagt, Computer werden darauf trainiert, die menschliche Sprache erfolgreich zu verstehen und zu bewerten und in menschlicher Sprache zurückzugeben.[30]

4 Entwicklungschancen für KI

4.1 Anwendungsfälle von KI

Eines der wichtigsten Hemmnisse für den Einsatz von Künstlicher Intelligenz, dem das Internet sowie Smart Homes stellt bislang die Kommunikation zwischen Menschen und Maschine dar. Diese Kommunikation stützte sich in der Vergangenheit auf Schnittstellen wie Tastaturen, Mäuse oder andere manuelle Eingabegeräte. Wie zum Beispiel hat Apple diese intuitive Bedienung durch Siri erfolgreich erreicht und dafür sorgt, dass seine wichtigsten Konkurrenten aufholen müssen. Sprache wird verwendet, um Vertrauen aufzubauen und natürliche Kommunikationsformen zu nutzen, um die Hemmungen der künstlichen Intelligenz zu brechen. Die Möglichkeit, die Sprachsteuerung in einer Vielzahl von Hardware zu verwenden, nimmt zu, sodass wir uns auf den Siegeszug der digitalen Sprachassistenten vorbereiten sollten. Auch KAYAK, das Reiseportal, stellt KI zur Suche nach Hotels und Flügen bereit, der auch sehr einfach ist und vordefinierte Auswahlmöglichkeiten in der Antwort bietet, um den Interaktionsweg anzugeben. Fragen oder Abweichungen überschwemmen die Maschine. Dann stellt der Roboter häufig die gleichen Fragen, egal was man sucht. So kann sich ein richtiger Dialog nicht stattfinden.[31]

Anwendung der KI im Bezug des autonomen Fahrens wäre ein weiteres gutes Beispiel. Indem der Fahrer normalerweise Aktivitäten wie Lenken, Bremsen und Beschleunigen selbstständig erledigte, werden in Zukunft durch Tesla zunehmend Aktionen von Algorithmen ersetzt. Ebenfalls bedeutet das, dass Algorithmen nun bestimmen können, etwa zu welchem Zeitpunkt das Fahrzeug anhalten, die Fahrstreifen wechseln oder den Fahrer sowie Fußgänger bei einem unvermeidlichen Schaden schützen soll.[32] Netflix ist ein Online-Dienst,

---

[29] Vgl. Gentsch, 2018, S.31
[30] Vgl. Reindl/Krügl, 2017, S.219
[31] Vgl. Gentsch, 2018, S.186 ff.
[32] Vgl. Buxmann/Schmidt, 2019, S.192

der Filme und TV-Serien abspielt und nutzt KI, um Inhalte des Users zu personalisieren und verschiedene Filme und Serien empfehlen zu können. Ziel des Anbieters ist es, durch den Einsatz der Algorithmen den Nutzer zu binden. Social-Media-Kanäle wie Facebook und Twitter sowie der Online-Videokanal YouTube verwenden Algorithmen, um zu entscheiden, welche Posts den Nutzern angezeigt werden. Beispielsweise hängt bei Facebook die Sichtbarkeit eines Posts von vielen Kriterien ab, wie der Bekanntheitsgrad der Unternehmensseite, dem Effekt vergangener Posts, dem Typ des Inhalts und dem Zeitpunkt, wann der Beitrag erstellt wurde.[33]

Im Bereich des E-Commerce ist ein Anwendungsbeispiel im Otto.de zu finden. Die E-Commerce-Produkte des Online-Händlers stehen in einem harten Wettbewerb. Der Online-Shop erhält täglich viele Kundenbewertungen. Diese Bewertungen können analysiert und genutzt werden, um einen Wettbewerbsvorteil zu schaffen. Die Bewertungen der Kunden ist das bedeutendste Entscheidungskriterium für Kunden beim Webshop. Für OTTO ist es sinnvoll, einen speziellen Kundenservice einzurichten und gleichzeitig eine vertrauensvolle Beziehung zwischen Online-Händlern und ihren Kunden zu fördern, weil viele Kunden genau diese Bewertungen finden wollen. Um es Kunden noch einfacher zu machen, möchte OTTO KI einsetzten damit Kunden aus Bewertungen, gesuchte Informationen schneller finden.[34] Jeden Abend werden von OTTO durch den Algorithmus des „Machine Learning" mehr als eine Millionen Bewertungen von Kunden geprüft und analysiert, ob sie negativ, positiv oder neutral sind. Anschließend gruppiert der Algorithmus die Ergebnisse. Dank dies können die Kunden mehr Zeit ersparen wodurch OTTO zufriedene und wiederkehrende Kunden gewinnt und die Bestellmenge erhöht wird.[35]

Weitere Anwendungsfälle sind die Sentimentanalyse in Kundenbewertungen, die automatische Erstellung von Keyword-Tags oder juristische Recherchen. Der aktuelle Fokus liegt insbesondere auf dem Einsatz von Chatbots im Kundenservice und Conversational Commerce.

Beim Alibaba findet sich ein weiteres Anwendungsbeispiel. Alibaba wurde 1999 gegründet und ist nach Marktkapitalisierung vor Amazon der weltweit größte E-Commerce Händler. Mit 25 Milliarden US-Dollar über die Börse gewann Alibaba den begehrten Titel des sogenannten Einhorns. Chinesische Verbraucher benötigen weder Computer noch E-Mails zum Kauf und Service. Es erreichte einen technologischen Sprung von "Mobile Only". Bestellungen an Unternehmen werden in der Regel über Mobiltelefone entgegengenommen.

---

[33] Vgl. Gentsch, 2018, S.75
[34] Vgl. Bünte, 2018, zitiert nach Gutting, 2020, S.19
[35] Vgl. Gutting, 2020, S.19

Im vierten Quartal 2017 erzielte Alibaba beispielsweise 80 % des Einzelhandelsumsatzes über Mobiltelefone.[36]

Ein anderes Beispiel wäre Amazon. Neben den Millionen von Produkten, die von Händlern angeboten werden, die Amazon als Verkaufsplattform nutzen, hat Amazon auch Millionen Eigenmarken und Produkte, die täglich in mehreren Ländern wiederholt bestellt werden. Darunter fallen Artikel aus den Bereichen wie zum Beispiel Mode, Elektronik, oder sogar Lebensmittel. Das System muss clever sein, um Kundenversprechen der verkürzten Lieferzeit gewähren zu können. Zu jeder Zeit muss ermittelt werden, was die Kunden in einem bestimmten Gebiet innerhalb von zehn Tagen kaufen möchten, damit es nicht zu Lieferengpässen kommt. Während diesen Zeitraum muss vorhersehbar sein, wie viele Menschen in einem gewissen Gebiet ausgewählte Produkte bestellen möchten. Für so eine Art der Bedarfsprognose erstellt der Algorithmus eine Prognose für die Zukunft basierend auf der ständig wachsenden Datenmenge in der Vergangenheit. Dadurch kann abgeschätzt werden, z.B. welche Menge eines T-Shirts in einer gewissen Farbe sowie auch die Größe in den nächsten Tagen von Kunden bestellt werden. Das Nachfrage-System muss aus diesem Grund nicht ermitteln, was ein einzelner Kunde kauft, sondern muss wissen, was im Liefergebiet oder in der Kundengruppe bestellt wird. Das System sammelt aus früheren Prozessen, dann die T-Shirts von verschiedenem Hersteller und von deren Mengen an Bestellungen dessen Preise, Aktionen sowie Daten der Verfügbarkeit. Basierend auf diesen Informationen lernt das System Algorithmen, um Prognose treffen zu können. Bei jedem neuen Käufen mit richtiger oder falscher Vorhersage, hat das das System dazu gelernt.[37]

4.2 Chancen und Risiken der KI

Künstliche Intelligenz einzusetzen, um Kunden beizubehalten und Ihnen ein positives Kauferlebnis anzubieten, wirkt sehr Erfolgs versprechend für Online-Händler. Kontaktmöglichkeiten müssen für den Kundensupport bereitgestellt werden. Dies erfolgt entweder durch asynchrone schriftliche Kommunikation (z. B. ein Kontaktformular) oder direkten persönlichen Dialog mit Servicemitarbeitern. Maßgeschneiderte Problemlösungen, kombiniert mit schneller Reaktion, sorgen für ein positives Kundenerlebnis. Auch die automatisierte Hilfefunktionen können Elemente wie die FAQ-Liste (Frequently Asked Questions), das Herunterladen von Gebrauchs- und Installationsanleitungen oder vom Kunden abrufbare und abrufbare Tipps zum Aufstellen und Anschließen von technischen Geräten sein. Basierend auf künstlicher Intelligenz bieten sie die Möglichkeit nutzbringender

---

[36] Vgl. Harwardt/Niermann/Schmutte/Steuernagel,2020, S.228
[37] Vgl. Buxmann/Schmidt, 2019, S.70

Gespräche, da der Roboter in wenigen Sekunden auf die Datenbank zugreifen und automatische Antworten generieren kann. Für persönliche Gespräche kann eine Rückruftaste vorgesehen werden. Außerdem können Wartezeiten der Service-Hotline durch die Angabe der bevorzugten Rückrufzeit eines Servicemitarbeiters vermieden werden.[38]

Ein weiterer wichtiger Punkt ist, dass neue Berufe geschaffen werden können. Durch den technologischen Fortschritt können von Maschinen anstrengende körperliche und tägliche Arbeiten abgenommen werden. Dies eröffnet den Raum für mehr Möglichkeiten und erlaubt die Zeit für schwierige Aufgaben. Außerdem werden sich viele klassische Arbeiten im Büro verändern. Ebenfalls kann durch maschinelles Lernen in der Finanzabteilung beispielsweise ein Großteil des Controllings unterstützt werden, was den Mitarbeitern mehr Freiraum gibt, die Geschäftsentwicklung zu fördern. Es bieten sich im Kernbereich Künstliche Intelligenz für hochqualifizierte Experten, insbesondere in den Gebieten wie IT, oder Mathematik mehrere neue Jobmöglichkeiten. Neue Berufsbilder wurden durch KI geschaffen, wie zum Beispiel „Localization Engineer", die die Korrektheit von maschinellen Übersetzungen bei Amazon prüft, anpasst und Daten an das maschinelle Übersetzungssystem liefert.[39]

Darüber hinaus ist Künstliche Intelligenz in der Lage, die Promotionseffizienz zu erhöhen. Durch selbstlernende Algorithmen können Präferenzen des Kunden sowie Prognosen zur Kaufbereitschaft erstellt werden. Die Künstliche Intelligenz kann große Datenmengen analysieren, wie zum Beispiel Kundendaten oder Reaktionen auf bisherige Rabattaktionen. Durch die Unterstützung von selbstlernenden Algorithmen, die z.B. Produkteigenschaften verstehen, können Vorhersagen über Verbraucherpräferenzen sowie Kaufbereitschaft erstellt werden. Daher liefert künstliche Intelligenz über verschiedene Kanäle wie Smartphones oder E-Mails konkrete Vorschläge für Rabatte und Aktionsgutscheine. Zugleich können zu hoher Rabatte vermieden werden, die für den Handel wirtschaftlich nicht realisierbar sind. Die Software kann den laufenden Betrieb optimieren. Daher kann das Geschäft des Händlers verbessert werden.[40]

Andererseits ist ein negativer Aspekt der Künstlichen Intelligenz in Deutschland, wenn es um das Thema Datenschutz geht. Aus Gründen der geltenden Datenschutzrichtlinien dürfen, die im Umfeld des Online-Marketing erhobenen Daten nur anonymisiert und daher nicht gespeichert und verwendet werden. Derzeit gilt in Deutschland weiterhin das Telekommunikationsmediengesetz (§ 15 Abs. 3), wonach Nutzer über Tracking-Mechanismen informiert werden und ihnen jederzeit widersprechen können müssen. Daher haben die meisten Display-Werbematerialien in der oberen rechten Ecke ein kleines

---

[38] Vgl. Deges, 2020, S.203
[39] Vgl. Buxmann/Schmidt, 2019, S.72
[40] Vgl. Gutting, 2020, S.21

Kästchen, mit dem Benutzer weitere Informationen anfordern können. Aus Sicherheitsgründen sollten alle Website-Betreiber die Zustimmung der Benutzer zur Verwendung von Cookies einholen. Durch einen Einwilligungstext, beim ersten Aufrufen der Seite, bestätigt der Benutzer dies durch einen Klick auf „OK".[41] Des Weiteren ist die Führung der digitalen Prozesse nicht immer vorteilhaft. Es werden Lagerhäuser so gebaut, dass es bestimmte Prozesse abschließt. Kleine und große Paketstationen entstehen und sollen den Kunden mehr Auswahl bieten. Die Geschäfte werden kleiner und immer mehr Kaufhäuser werden geschlossen.[42] Dies hat das Stadtbild und damit das Lebensumfeld der Menschen verändert. Mit dem Laden verlieren die Menschen den Ort des gesellschaftlichen Lebens, wo man neue Freundschaften schließen könnte oder alte Freunde treffen kann.[43]

Eine weitere Herausforderung ist außerdem das Speichern sowie Zusammensetzen von Informationen allgemein mit dem Mangel der Privatsphäre der Benutzer verbunden. Beispielsweise übernehmen im eigenen Haus Smart-Home Geräte Steuerungen von Jalousien bis zur Bestellung der Lieblingspasta des Nutzers. Die Digitale Assistenten können somit einen großen Teil des täglichen Lebens einfacher und besser machen. Dies erfordert jedoch viele Daten und damit der Algorithmus personalisierter auf den Benutzer reagieren soll, so müssen mehr Daten gesammelt werden, um Rückschlüsse auf die Person zu ziehen. Sicherlich würde dies die Privatsphäre der Benutzer ernsthaft beschädigen.[44]

Außerdem gibt es typischen Ängste und Risiken durch Künstliche Intelligenz die zu erwähnen ist, wie die Sorge vor mangelnder Transparenz, weil künstliche Intelligenz Dinge tun kann, die niemand verstehen könnte sowie Angst, mangelnder Wissen, da künstliche Intelligenz dazu bringen könnte, dass Menschen mehr Kompetenzen auf Maschinen weitergeben. Außerdem besteht die Sorge um Arbeitsverlust, wie in der folgenden Abbildung zu erkennen ist.[45]

---

[41] Vgl. Kamps/Schetter, 2018, S.93
[42] Vgl. Knoppe/Wild, 2018, S.169
[43] Vgl. Kersting/Lampert/Rothkopf, 2019, S.236
[44] Vgl. Buxmann/Schmidt, 2019, S.193
[45] Vgl. Buxmann/Schmidt, 2019, S.127

**Änderungen der Beschäftigungsverhältnisse
zwischen 1997 und 2017 (Anteile in Prozent)**

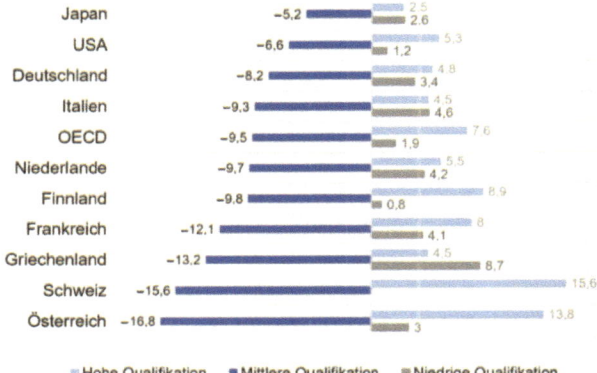

■ Hohe Qualifikation   ■ Mittlere Qualifikation   ■ Niedrige Qualifikation

ABBILDUNG 3: ÄNDERUNGEN DER BESCHÄFTIGUNGSVERHÄLTNISSE[46]

Nudge zum Beispiel hat die Fähigkeit das Verhalten der Personen beeinflussen zu könne, sodass sie es nicht auffällt. In der Politik ist Nudge auch aktuell ein großes Thema, denn es ermöglicht die Gruppen der Bevölkerung so in die gewünschte Richtung zu lenken, ohne sich mit Straf- oder Gewaltdrohungen auseinander zu setzten. Grundsätzlich gibt es Anbieter, die zirkulär Empfehlungen geben, ein hervorragender Booster. Diese Unternehmen sind nicht verpflichtet ihre Strategien offen zu legen und könne ihre Bedingungen unerwartet sowie ohne Vorankündigung ändern.[47]

Ein weiteres Risiko für den Einsatz der KI ist die Fehlentwicklung sowie hohe Kosten, die entstehen könnten. Um konkurrierende Angebote zu verhindern sollte man versuchen, auf künstlicher Intelligenz basierende Innovationen schnellstmöglich in den Markt zu bringen. Für mehrere europäische Unternehmen, insbesondere deutsche Unternehmen, ist die Time-to-Market noch zu lang. Es dauert lang, marktfähige Produkt- oder Dienstleistungsinnovationen zu erhalten. Gerade bei Produkten und Dienstleistungen mit sehr kurzem Lebenszyklus rächt sich ein verspäteter Markteintritt vor allem, wenn man eine Menge Zeit in die Entwicklung investiert. Firmen werden weniger erfolgreich, wenn früher ihre Angebote ersetzt werden durch ein überarbeitest sowie wenn sie nicht in hoher Geschwindigkeit der Entwicklungsprozesse ausgerichtet haben.[48]

---

[46] Abbildung: Buxmann/Schmidt, 2019, S.31
[47] Vgl. Bernhard/Mühling, 2020 S.129
[48] Vgl. Kreutzer/Sirrenberg, 2019, S.292-293

4.3 Handlungsempfehlungen

Um Künstliche Intelligenz sinnvoll zu nutzen sollten Unternehmen zuerst das Ziel und dann die Mittel bestimmen, um das Ziel zu erreichen. Sagen zu können, man arbeite schon mit Künstlicher Intelligenz" reicht nicht aus, um Unternehmensziele zu erreichen. KI muss zu Ihrer Strategie und Ihrem Ziel passen. Unternehmen sollten KI nicht nur nutzen, um sie zu nutzen. KI ist nicht immer die beste Lösung. Es mag sein, dass Künstliche Intelligenz noch nicht ausgewachsen ist. Jedoch muss man erwähnen, dass es sich sehr schnell entwickelt. Ein Manager sollte sich so schnell wie möglich mit KI auseinanderzusetzen, um seinen eigenen Service zu verbessern, da Kunden sich an neuen und besseren Service gewöhnen. Man rechnet damit, dass die Künstliche Intelligenz in ein paar Jahren eine große Rolle spielen wird. Aus diesem Grund sollte man KI so schnell wie möglich einsetzen, um sich auch von der Konkurrenz abzuheben. Außerdem ist es wichtig, dass man eine richtige Teamkonstellation hat, um den Einsatz erfolgreich umsetzen zu können. Um eine richtige Positionierung zu haben sollte an das Team Fragen gestellt werden, um dies, eventuell anonym, auswerten zu lassen. So besteht eine einfache Orientierung. Damit das Team sich auch gerne mit KI beschäftigt, sollten schnellstens, erste und sichtbare Erfolge erzielt werden. Dementsprechend wäre es sinnvoll zunächst mit kleinen Schritten anzufangen. Zusätzlich ist es auch bedeutend, KI als Unterstützungssystem passend zur eigenen Marke oder Ihrem Unternehmen einzusetzen. Dies erfordert, dass die Abteilung nicht nur auf Künstliche Intelligenz setzt, sondern auch die Leistung ihrer unterstützenden Prozesse mit den Kundenerwartungen abgleicht. Darüber hinaus sollten Verträge mit KI-Anbietern so flexibel wie möglich gehalten werden, um auch Anbietern wechseln zu können, falls es einen anderen Anbieter gibt der besseren Tools bereitstellt. Auf lange Sicht wird sich die Künstliche Intelligenz weiterhin rasant verändern, daher müssen immer Anpassungen vorgenommen werden. Außerdem ist zu berücksichtigen, dass KI eingesetzt wird, um Aufgaben und das tägliche Leben besser zu unterstützen. Bei richtiger Anwendung kann es sehr mächtig sein und bessere Ergebnisse erzielen. Künstliche Intelligenz ist kein Ersatz, und Manager sind dafür verantwortlich, bestimmte Entscheidungen selbst treffen zu müssen.[49]

Im Übrigen sollte man personalisierte Empfehlungen im Online-Handel mit einkalkulieren. Wirft man einen Blick auf Amazon, dann ist zu sehen, dass der Empfehlungsalgorithmus (Recommendation Engine) dort 36 % des Umsatzes ausmacht. 90% des Kundensupports von Amazon sind ebenso automatisiert. Daher kann der Einsatz von Empfehlungsalgorithmen die Kundenzufriedenheit deutlich verbessern und gleichzeitig den Umsatz und vor allem den Unternehmensgewinn ankurbeln. Besonders interessant ist die

---

[49] Vgl. Bünte, 2018, S.31-35

Verwendung von Conversational Commerce, um die Kundenbindung voranzutreiben. Hierbei geht es um die Schnittstelle zwischen Messenger und Einkauf. Beim Conversational Commerce geht es im Wesentlichen um den Einkaufsprozess, der einen systembasierten Konversationsprozess durchläuft. Dabei setzt man Instrumente wie z.B. Facebook Messenger oder WhatsApp. Konversationen mit den Kunden werden in Echtzeit geführt. Letztendlich müssen Kunden mit einer entwickelten Messenger nicht mehr zwischen verschiedenen Kanälen wie zum Beispiel bei einer Homepage, Online-Shop oder Zahlungsanbieter kreuz und quer wechseln, um wichtige Informationen zu suchen oder Support zu bekommen. Dies soll einem überzeugenden Gespräch mit einem Verkäufer im Stationären Handel ähneln. [50]

5 Schluss

5.1 Zusammenfassung

Zusammenfassend lässt sich sagen, dass die Künstliche Intelligenz sich ständig verändert und weiterentwickelt. Vor allem für Online-Händler bieten sich große Chancen, um langfristige Erfolge zu erzielen, wenn man sie auch richtig einsetzt. Wirft man einen Blick auf die Umsatzstärksten Online-Shops wie Amazon und Co., so ist zu erkennen, wie viele Vorteile KI für Händler sowie Kunden mit sich bringt. Künstliche Intelligenz steigert die Kundenzufriedenheit. Durch KI ersparen sich Kunden viel mehr Zeit im Onlineshop, wenn sie etwas Bestellen möchten. Sie finden, z.B. mit dem Smartphone, schnell gesuchte Informationen zu Ihrem Artikel, bekommen den schnellstmöglichen Support und Betreuung in Echtzeit, vermeiden lästige Bedienungen und Wartezeiten. Für Online-Händler ist die Kundenzufriedenheit eines der wichtigsten Ziele, um die Wirtschaftlichkeit des Unternehmens zu steigern und sich von der Konkurrenz abzuheben. KI erleichtern den Händler die Arbeit. Der Online-Händler muss sich um Lieferengpässe oder unzufriedene Kunde nicht viel Gedanken machen und hat mehr Zeit für andere Aufgaben die schwieriger sein könnten und kann somit noch effizienter und gefördert werden. Andererseits ist es wichtig die Privatsphäre des Kunden zu beachten und sich an die Datenschutzrichtlinien zu halten, dass den Einsatz der KI in Deutschland einschränkt. Zusätzlich ist es wichtig sich den permanenten Wandel anzupassen, aktuelle Trends umzusetzen und regelmäßig einen Blick auf das Wettbewerbsumfeld zu werfen, um Kunden beizubehalten als auch Umsätze zu erhöhen. Künstliche Intelligenz wird unser Leben weiter ändern und erleichtern.

---

[50] Vgl. Kreutzer/Sirrenberg, 2019, S.159

5.2 Kritische Reflexion

Abschließend ist eine gegebene Studienarbeit durch eine kritische Reflexion zu beurteilen. Die Literaturrecherche bildet die Grundlage für die Hausarbeit. Die genutzte Literatur setzt sich lediglich aus Printquellen zusammen. Es wurde im theoretischen Teil versucht, möglichst viele und ausschließlich mit der Literatur der letzten drei Jahre (bis auf eine Ausnahme) zu arbeiten, um die Aktualität sicherzustellen. Aufgrund des Mangels eigener Erfahrungen und Kenntnisse zum Thema Künstliche Intelligenz konnten auch im vierten Kapitel, Anwendungsfälle sowie Handlungsempfehlungen nur anhand Literaturquellen aufgestellt werden.

Literaturverzeichnis

Bernhard, M., Mühling, T. (2020). *Verantwortungsvolle KI im E-Commerce - Eine kurze Einführung in Verfahren der Künstlichen Intelligenz in der Webshop-Personalisierung.* Wiesbaden: Springer Gabler.

Buxmann, P., Schmidt, H. (2019). *Künstliche Intelligenz - Mit Algorithmen zum wirtschaftlichen Erfolg.* Wiesbaden: Springer Gabler.

Bünte, C. (2018). *Künstliche Intelligenz – die Zukunft des Marketing - Ein praktischer Leitfaden für Marketing-Manager.* Wiesbaden: Springer Gabler.

Deges, F. (2020). *Grundlagen des E-Commerce - Strategien, Modelle, Instrumente.* Wiesbaden: Springer Gabler.

Esch, F. (2020). *Marke 4.0 - Wie Unternehmen zu digitalen Markenchampions werden.* München: Vahlen.

Frochte, J. (2021). *Maschinelles Lernen - Grundlagen und Algorithmen in Python. 3.Aufl.* München: Hanser.

Gentsch, P. (2019). *Künstliche Intelligenz für Sales, Marketing und Service - Mit AI und Bots zu einem Algorithmic Business – Konzepte und Best Practices. 2. Aufl.* Wiesbaden: Springer Gabler.

Gutting, G. (2020). *Interkulturelles Marketing im digitalen Zeitalter - Strategien für den globalen Markterfolg.* Wiesbaden: Springer Gabler.

Gläß, R. (2018). Künstliche Intelligenz im Handel 1 – Überblick -Digitale Komplexität managen und Entscheidungen unterstützen. Wiesbaden: Springer Gabler.

Goodfellow, I., Bengio, Y. & Courville, A. (2018). Deep Learning. Frechen: Mitp.

Harwardt, M., Niermann, P., Schmutte, A., Steuernagel, A. (2020). Führen und Managen in der digitalen Transformation - Trends, Best Practices und Herausforderungen, Wiesbaden: Springer Gabler.

Heinemann, G. (2018). Der neue Online-Handel - Geschäftsmodelle, Geschäftssysteme und Benchmarks im E-Commerce. 9. Aufl. Wiesbaden: Springer Gabler.

Heinemann, G., Gehrckens, H.M, Täuber, T. (2019). Handel mit Mehrwert - Digitaler Wandel in Märkten, Geschäftsmodellen und Geschäftssystemen. Wiesbaden: Springer Gabler.

Kamps, I., Schetter, D. (2018). Performance Marketing - Der Wegweiser zu einem mess- und steuerbaren Marketing – Einführung in Instrumente, Methoden und Technik. Wiesbaden: Springer Gabler

Kerstin, K., Lampert, C., Rothkopf, C. (2019). Wie Maschinen lernen - Künstliche Intelligenz verständlich erklärt. Wiesbaden: Springer Gabler.

Knoppe, M., Wild, M. (2018). Digitalisierung im Handel - Geschäftsmodelle, Trends und Best Practice. Wiesbaden: Gabler.

Kreutzer, R., Sirrenberg, M. (2019). Künstliche Intelligenz verstehen - Grundlagen – Use-Cases – unternehmenseigene KI-Journey. Wiesbaden: Springer Gabler.

Mainzer, K. (2019). Künstliche Intelligenz – Wann übernehmen die Maschinen?. 2. Aufl. Wiesbaden: Springer Gabler.

Mohr, T. (2020). Der Digital Navigator - Ein Modell Für Die digitale Transformation. Wiesbaden: Springer Gabler.

Pfannstiel, M., Steinhoff, P. (2020). Transformationsvorhaben mit dem Enterprise Transformation Cycle meistern - Projekte erfolgreich planen, durchführen und abschließen. Wiesbaden: Springer Gabler.

Reindl, C., Krügl, S. (2017). People Analytics in der Praxis - Mit Datenanalyse zu besseren Entscheidungen im Personalmanagement. Freiburg: Haufe.

Stember, J., Eixelsberger, W., Spichiger, A., Neuroni, A., Habbel, F., & Wundara, M. (2019). E-Government - Technikinduzierte Verwaltungsentwicklung, Wiesbaden: Springer Gabler.

Wennker, P. (2020). Künstliche Intelligenz in der Praxis - Anwendung in Unternehmen und Branchen: KI wettbewerbs- und zukunftsorientiert einsetzen. Wiesbaden: Springer Gabler.